老いよドンと来い！

心ゆたかな人生のための仏教入門

土屋昭之

世間のモノサシに道理のモノサシを添えたところに極《きわめて》楽《やすらかで》浄《きよらかな》土《しんきょう》の世界がある

法蔵館

極楽浄土をあらわすお仏壇（真宗大谷派のお内仏）

写真提供／株式会社 若林佛具製作所

まえがき

地獄・極楽が、仏教の言葉としてよく知られています。愛、愛敬《あいきょう》、挨拶、愛着、阿吽《あうん》、悪業《あくごう》、悪道、悪人、安心、安楽など、「あ行のあ」だけでも四十余、仏教の経典などから出ている言葉が、日々の会話に使われるほど仏教は身近です。

中でも地獄、極楽は、よく知られている言葉の代表でしょう。ですが知られているとはいっても、どこにあるのか、まして実在するなどとは思ってもいないのも事実です。

それでは、地獄や極楽が架空の存在なのかといわれたなら、答えは「ノー」です。地獄も極楽も実在するのです。しかし実在するとはいうけれども、生き方にかかわるだけに、極楽に到達できないのも現実です。

今日高齢化とともに、個々の関係も孤立化しつつある世をみるとき、極楽があるなら往《い》ってみたいと思う人がいるにちがいありません。

釈尊の説かれた経典のひとつ『仏説阿弥陀経《ぶっせつあみだきょう》』には、注目の極楽浄土が説かれます。どこにあるかどうかは別にして、実在することを意味します。この書は、その道筋を明らかにして、心ゆたかな老いの人生を実現するためのものです。

目次

まえがき　1

一、極楽へ往き生まれたい……11
昔むかし浦島は……11
夢からさめた……14
世間のモノサシと道理のモノサシ……15
釈尊が示された道理のモノサシ……16

二、仏教が説く四つの道理……19
仏教の旗印―スローガン……19

道理一の「ノンストップで走り続ける列車に乗って生きる」とはどういうことか……23
道理二、何ひとつ自分の実体は無いとは、どういうことなのか……24
道理三、あらゆるものすべては、苦であるとは……29

三、極楽のあり場所

三、極楽のあり場所……33
こころの到達点、極楽浄土（きわめてやすらかできよらかな心境）で生きる……33
極楽のあり場所……34
智慧で生きるとは……36
地獄のあり場所、それは家の中である……38
餓鬼とは？……41

畜生とは？……42
四、三悪道からの解放……43
三悪道はおそろしい……43
わずらい・悩みが生きる力……47
三悪道から解放される秘訣……50
五、念仏の意味……53
なぜ念仏？……53
念仏の深い意味……54
二通りある念仏……56
阿弥陀仏の正体……58
ボディーの寿と、生きがいの命……59

私は無我・ゼロの身です……61
念仏の真髄、生かされ生きていた　御礼の念仏……64
無量なる寿よ、ありがとう……66
極楽（きわめてやすらか）な心境への到達点……68

六、念仏の功徳……70

仏仏相念―人間回復……70
念仏って、いつ称える？……71
五逆と正しい法を誹謗（そしる）するとは……72
念仏の功徳……73
「法」の衣服って？……77
極楽へ往こう！……78

七、目で見る「極楽・浄土」……81
極楽浄土をあらわすお仏壇……81
還る世界……82
生まれてきた世界……82
目で見る心の到達点……84
鶴と亀……85
仏の華……86
極楽に舞う鳥……88

あとがき　93

老いよドンと来い！

――心ゆたかな人生のための仏教入門――

一、極楽へ往き生まれたい

昔むかし浦島は

「昔むかし浦島は、助けた亀につれられて」とうたわれた「浦島太郎」の童謡は、よく知られています。

昔むかし浦島は　　助けた亀につれられて
竜宮城に来てみれば　　絵にもかけない美しさ
乙姫さまのごちそうに　　タイやヒラメの舞い踊り
ただ珍しくおもしろく　　月日のたつのも夢のうち
あそびにあきて気がついて　　おいとまごいもそこそこに
帰るとちゅうの楽しみは　　みやげにもらった玉手箱

帰ってみればこはいかに　もといた家も村もなく
道に行きあう人々は　顔も知らないものばかり
心ぼそさにふたとれば　あけてくやしき玉手箱
中からぱっとしろけむり　たちまち太郎はおじいさん

この歌は、浦島太郎が、助けた亀の背中に乗って竜宮城に行き、「乙姫さまのごちそうに、タイやヒラメの舞い踊り」に明け暮れる楽しそうな歌にみえますが、人間の生きざまをいいあてている歌としても知られています。

釈尊がひらかれた仏教には、スローガンともいえる旗印《はたじるし》というものがあります。外国に行ったときなど、仏教とはどんな教えかときかれたら「これこれ、こういう教え」とこたえられるものです。

そのひとつに「あらゆるものすべてが、常に移り変わる」があります。これを旗印にすると「諸行《しょぎょう》無常《むじょう》」となります。諸行とは手に触れるもの、目で見るものなど、あらゆるものすべてをいい、無常はそれらすべてのものが、例外なく常に移り変わっていくことをいいます。

たとえば自分の身はもちろん、庭の木々や草花、石ころひとつも風化していくように、あらゆるものが常に変化していき、なにひとつ同じ状態にとどまっていることがないというものです。

こうした仏教の旗印は、宗教、無宗教を問わず、誰にでもあてはまる万人共通の「道理」、あるいは真理といわれるものです。二千五百年前に開かれた教えが、現在も伝えられている理由をあげれば、道理として不変であり、普遍性があるからだといえます。

浦島太郎の歌は、この諸行無常をうたっています。歌詞は、「助けた亀につれられて、竜宮城に来てみれば、絵にもかけない美しさ」からはじまり、「あけてくやしき玉手箱、中からぱっとしろけむり、たちまち太郎はおじいさん」と終わります。

これらはさしずめ、バブル景気にうかれ、「乙姫さまのごちそうに、タイやヒラメの舞い踊り」に夢うつつになっているあいだに世は変わり、夢からさめて正気にもどったら、お爺さんになっていたというものです。くわえて経済も破綻《はたん》し、環境汚染や少子高齢化、そして無差別に殺傷する事件や孤独、自殺など、惨憺《さんたん》たる状態に「移り変わっていた」ことをうたっているとみると、的を得た歌といえるでしょう。

「もといた家も村もなく」とは、家族や友人、知人など、そうした関係性も壊され、孤立化したことをいいあてているといえます。さかんに活躍した人も、いずれは老人になり、病む身になって、やがて死をむかえることを、心得て生きることがだいじであることをうたっています。

夢からさめた

こうした一連の現象や事件をみるとき、物質文明の限界を象徴しているといってよいでしょう。物が不足した時代、物が豊かになれば心も豊かになるであろうと多くの人が思ったはずです。

北極の住民、イヌイットの生活規範には、捕獲した獲物をごく自然にわかちあい、極寒のなかで得た獲物を共有する意識がはたらいているといわれます。それは、生命に対する最低限の共存意識といえそうです。

そこで釈尊が、「人間はどう生きたらよいのか」について、その生きかたを示されたのが、あるはずがないと考える極楽の生きかたです。極楽を「きわめてやすらか」と読めば、どこにあるのかといえば、それは生きかた、つまり思いや考え方にあることがわかります。

世間のモノサシと道理のモノサシ

それでは、釈尊の説かれた不変の道理とはどういうものか、ということになります。このことがわかることによって、人間社会の中で生きる生きかたも同時に明らかになっていきます。

そこで、釈尊が示された道理を明らかにする前に、人間社会はどんな生き方をしているのかを先にふれておきます。つまり考え方や行動のスタンスといったもので、そうしたことがはっきりすると、釈尊の示された道理と比べやすくなるからです。

釈尊が示された道理に対して、人間社会は、洋の東西を問わず「変化」というモノサシで機能しています。これを世間のモノサシと呼べば、こうした移り変わるモノサシで機能していることがわかります。たとえば、法律や常識、習慣や慣習などといったものです。

ところが変化することは、考えのくい違いを生むことを意味します。そうした違いは、進歩、発展する要素でもあるかわりに、争いを生むもとでもあり、いわゆる紛争といわれるものは、変化する考え方や意見、立場の相違に、その原因があるといえるでしょう。

わが国日本でも、そうしたモノサシは、戦後からバブル経済までの数十年に限っただけでも、大きく移り変わったことは記憶に新しいところです。

戦争で物資という物資を使い果たした戦中、戦後は、「物をだいじに使う」モノサシです。まさに節約という世間のモノサシで、衣服や靴下に穴が開けば、針と糸でふさぎ、当て布して使うということをしていました。あのころの靴下は、すぐに穴が開くような代物《しろもの》でしたから、よく繕《つくろ》ったものです。

ところが、バブル期を境に豊かになった物資を背景にして、「使い捨て」という修繕や修理の手間を省いて時間を生み出そうとしていきます。小さな穴が開いただけの靴下でもかまわず捨てるようになり、物をだいじにしてきた年代の人は、少なからずとまどいを感じたと思います。

ひとむかし前は「物をだいじにする」モノサシ、バブル期のころからは「使い捨て」というモノサシ。いずれも「世間のモノサシ」です。時代や人が、ところによって変わってきたように、世間のモノサシも常に移り変わる性格をもっています。

釈尊が示された道理のモノサシ

そこで釈尊は、時代やところ、人をこえても変わらない永久不変のモノサシを発見されたのです。これを「道理のモノサシ」と呼ぶことにします。

しかし、それだからといって、日々変わる世間のモノサシを悪とするものではありません。そうしたモノサシは、その時代、国、地域などを円滑に機能させるためには欠かせないモノサシだからです。釈尊は、そうした変わっていくモノサシを、不変のモノサシをもって円滑に機能させる方法を説かれています。それがどんな方法かについて釈尊は、

世間のモノサシに、道理のモノサシを添《そ》える

のがベストな方法であるといわれているのです。

これはちょうど、オーダーメードした注文者の体に仮縫《かりぬ》いした洋服を添えるように、体型に合っているかどうかを確かめるようなものです。つまり注文者の体という世間のモノサシに、仮縫いという道理のモノサシでぴったりと合わせるのです。合致してはじめて本縫いです。こうして、

常に変わる性格のある世間のモノサシには、変わることがない道理のモノサシを添える

ことで、とまどいや争いを防ぐ処方箋《しょほうせん》になるというものです。

それでは、先の使い捨てというモノサシに、道理のモノサシを添えるとどうなるのでし

ょうか。釈尊が示された道理のひとつに、

すべてのものには、ことごとく仏性《ぶっしょう》（仏《ほとけ》の性質）がある

という仏教の根っこともいえるモノサシがあります。たとえ石ころひとつにも仏性があるというものです。

このことは、どんなものにも仏性があることを意味しますから、捨てるときには、敬いをもって捨てるのです。可能なかぎり使いきったうえで捨てるのが理想でしょう。

これが世間のモノサシに道理のモノサシを添えるということです。

物をだいじにしてきた時代の人たちは、どんな物にも仏性があることを心底に意識していたと思われますから、なかなか捨てられなかったのです。使い捨てには、敬いをもっての気持ちがありませんから、釈尊の説く道理からはずれるのです。

効率を求める結果として生まれた使い捨て志向が、非正規雇用や季節雇用など、人間までも使い捨てにする事態をまねいてきたといったら皮肉に聞こえるでしょうか。

二、仏教が説く四つの道理

仏教の旗印―スローガン

それでは、釈尊の示された永久不変の道理・旗印とはどういうものでしょうか。とくに人間が生きていくうえで、「このように生きるのがよい」という道理を示されています。この旗印を四法印《しほういん》とよびます。四法印とは、四つの真理（法）の印《しるし》といって、すべての人に当てはまる道理をいいます。

道理一　みな、母の胎内に宿ったその時から死の終点まで、ノンストップで走り続ける無常（常に移り変わる）という列車に乗って生きる乗客である。

道理二　何ひとつ自分という実体が無いゼロのところから父母のあいだに生を受け、人として生きている。このことがすばらしく尊い存在である。

道理三　あらゆるものすべては、苦である。

道理四　この三つの道理にうなずけたなら、わずらいや悩みから解放されて、静かな境地となることができる。

この四つが仏教の旗印です。民族をとわず、万人に当てはまる道理です。

この中では、とくに道理一、道理二、道理三にうなずけるかどうかがポイントです。うなずくことができて、道理四の静かな境地、つまり極楽（きわめてやすらか）な境地で生きることが可能になります。極楽な境地にいたる道は、こうした道理のモノサシにあることがわかります。

ところが私たちは、そうした道理一、道理二、道理三は、すでにわかっていることであると、一瞥《いちべつ》したところで思考をとめるために、苦から解放されないのです。釈尊は、どこまでも道理一、道理二、道理三の道理に帰ることが、極楽（きわめてやすらか）な境地に往《い》き生まれるためのスタートラインであると説かれるのです。

中でも、道理一、道理二の道理は、ともにお互いを補い合う関係にあります。つまり「私」という存在は、母の胎内に宿るまでは何もないゼロです。ゼロの身からこの身を受け、そのときから日々移り変わる身であることを認識して生きることをはじめに教えられます。

きのうのわが身と、今日のわが身、また明日のわが身は、たとえば髪の毛は抜けかわり、皮膚から垢が出るように、同じ身ではないことを強く実感しておくことが、これから先を読み進めていくうえで重要なポイントとなります。

ちょうど、川の流れがいっときもとどまることがないように、

わが身は流れ続け、二度と同じ身をつかむことができない存在

であることを、釈尊は無我《むが》と教えられます。我れという身は、何ひとつつかむ実体が無いと、受けとめることが重要なのです。ですが、どうしても、我れには実体があるという思いから離れられない人は、頭のひと隅に、「真理、道理は、我れというものに実体はない」ということを念頭に置いて読み進めてください。

この道理を旗印にすると、「諸法無我《しょほうむが》」となり、諸法とはあらゆるものすべてをいい、無我とは、どれひとつとして、実体は無いというものです。それは、わが身も例外ではありません。

それではどうして、極楽（きわめてやすらか）な心境に到達できないのかという問題になります。先の、我という実体があると考えている人々に対して、釈尊は、

人間というものは、自己中心の眼で物事を見る

ために、道理が心の内にまで響いていかないと教えられます。

つまり無我という、もともと何もないゼロの身でありながら、人の身を受けたという、この上もなくすばらしい座標を離れて、

我れは、このとおりシッカリ実体（身体）がある

我れの考えや思いには、間違いがなく正しい

という座標に立っているために、極楽（きわめてやすらか）な心境に到達できないということです。争いの多くは、こうしたことによるものでしょう。

したがって、物を見るふたつの目のほかに、智慧の眼、道理の眼という心の眼をひらくことが極楽への近道となるのです。

それでは、道理一、道理二、道理三とは、どういうことなのであろうか。

道理一の「ノンストップで走り続ける列車に乗って生きる」とはどういうことか

浦島太郎が「乙姫さまのごちそうに、タイやヒラメの舞い踊り」に現《うつつ》をぬかして時を過ごしたおとぎ話は、社会が移り変わっていることに気づかないまま、目がさめたら家族や知人、友人など、ついてくる人もなく、生きがいをなくしていって、白髪のお爺さんになることだと、釈尊は警鐘《けいしょう》を発せられるのです。

日々移り変わることを忘れ、おごり高ぶる状態が続くと考える私に、さかんなるものも必ずおとろえることを示されます。

したがって、諸行無常の列車にゆうゆうと乗る秘訣《ひけつ》は、そうした移り変わる道理にすなおに乗ることであると教えられます。わがボディーといっしょに、こころも乗るのです。生まれの原点にもどれば、もともとあるはずのない無我・ゼロの身でしょう。そうした中を生きていることが、なにごとにも代えがたいことであると感動できるところに、極楽（きわめてやすらか）な心境の扉がひらくと教えられています。どうですか、こころも乗りましたか。

道理二、何ひとつ自分の実体は無いとは、どういうことなのか

わが身がこの世に生じた生い立ちを、すなおにふりかえれば明白になります。先にもふれた「きのうのわが身、今日のわが身、そして明日のわが身」を逆にして、人生をさかのぼれば一目瞭然《いちもくりょうぜん》。今日のわが身ときのうのわが身は同じではなく、移り変わっています。ひと月前、一年前、十年前と、いつの時も同じ身ではありませんね。そしてついに母の胎内に入って十月十日、わが身が影も形もないゼロに帰します。ここが、何ひとつ自分という実体が無い、ゼロの原点です。

こうした事実は、すべての生きとし生けるものがゼロに帰すことを教えの柱に位置づけた「諸法無我（あらゆるものなにひとつ我という実体はない）」という旗印を、釈尊がもっとも重視されていることを意味します。頼りとするわがボディーは、父母《ちちはは》のあいだに結ばれて以来、日々移り変わり、川の流れのようにいっときも同じ状態ではないのが私です。

そうした中を、この世に生まれて私になったことについて、釈尊は、

大地・宇宙の無量の寿を受け、人となった敬いの存在

と最大に讃嘆《さんだん》されます。

そうした中、愛する妻や夫、子や孫が、ともに家族となっている事実は、当然というモノサシから、なんとも不思議というモノサシに変わるでしょう。

「人間に生まれ、いまこうして生きていることが何ら不思議はない」と考えることを、釈尊はきわめつきのおごり高ぶりと戒められます。どこまでも諸法無我、なにもないゼロという道理の原点に立つことがたいせつであると説かれるのです。

また人の身を受けたこの事実は、

家族、隣人、友人など、みな宇宙、大地の無量の寿を受けている平等の存在

となることはおわかりでしょう。浄土真宗の開祖親鸞《しんらん》聖人《しょうにん》は、

すべての人々は、この世に生まれ、また生まれてきた父母兄弟

と、より身近な中でたとえられています。わが家の子や孫ばかりか、通りすがりの人、公園に遊ぶ子どもなど、みな父母兄弟、子、孫であるという言葉です。この言葉には敬いと平等のうえに、親戚というひろびろとした世界観があり、こうした受けとめが仏教の人間観といえるものです。

あの無差別に殺傷した人の心の内に、「世の人々が、みな親戚」の意識があったなら、罪を犯す必要のない人生を生きることが可能であったはずです。この道理のモノサシを、親子関係にたとえれば、

我ら二人をえらんで、よくぞわが子、孫として生まれてくれた

ことになり、

共に、家族の一員として、同じ家に生まれあった

と、まれなめぐり会いの中を家族となった不思議に気づくことができます。

こうした不思議は、日々の家族関係を円滑にします。

たとえば、勉強や手伝い、テレビの問題など、子育て、孫育てといって発する言葉は、とかく反発を招きやすく暴力に発展することもあります。

こうした言葉を発するときは、先のモノサシを添えると効果を発揮します。つまり、どういう気持ちで言葉を発するかという土台となるものです。その土台に、我ら二人をえらんで、わが子、孫として生まれてくれた、ともにおなじ家族に生まれあったという道理の

モノサシを添えて発するときに、意思が伝わっていきます。

こうしたモノサシを添えて発する言葉は、目線が低くなるぶん、あたたかみがありますから、信頼感や安心、意欲をわきたたせることになります。

「あなたのためだから」などというテレビのコマーシャルがありますが、おしつけがましい精神論では感動させられず、意思の疎《そ》通《つう》さえ困難になります。わが子、わが孫として生まれてくれたという明らかな因果《いんが》関係が示す生命の原点、つながりの言葉によって、意思をたしかめあうことができます。そうしたとき、極楽（きわめてやすらか）な心境にみちびかれます。

ところが私たちは、

人の身を受けたことを、なんら不思議と思わない

誰の世話にもならず、自分の力で生きている

という自己中心のモノサシがあるために行きづまりを起こしていきます。敬いと平等の道理のモノサシに対して、自力と独善というギャップが、ここに明白になります。

こうしたスタンスの違いは、尊厳や平等という本来の感性が抜け落ちることを意味しますから、当然主張や争いが激しさを増すことになります。

西暦六〇四年、聖徳太子が日本にはじめての『憲法十七条』を制定されました。それ以後、明治憲法といわれる『大日本帝国憲法』の発布まで千二百年以上ものあいだ、日本を統治した憲法であることは、よく知られています。

その第一条に「和を以《も》って貴《とおと》しと為す」という国の理念を達成するために、第二条に「仏法僧《ぶっぽうそう》の三宝を敬え（仏は釈尊、法はその教え、僧は仏の教えを求める人々の集まり。お坊さん、つまり僧侶もその中の一人）」と、仏教が和を重視する教えであることに着目し、憲法の中心に据えられたことはよく知られています。

人の身を受け、いま生きていることに何の不思議も感じない自力と独善のスタンスは、和を保つ防波堤が崩壊することを意味します。そうした防波堤の崩壊が、無差別殺傷事件をはじめとする、「犯罪になんでもあり」と思わせるような、歯止めがきかなくなった現状を作り出しているのがいまの世相といえそうです。

道理三、あらゆるものすべては、苦であるとは

道理三の、「あらゆるものすべては、苦である」とは、道理の中でも納得しにくいところといえそうです。それは一方で「楽しいこともあるではないか」と感じることがあるからです。

ところが釈尊の道理は、すべては苦に変わるという意味をふくむものです。ですから、どんなに楽しいことも、いずれは苦となるというものです。

たとえば、食べることがなにより楽しみだという人も、食べ続ければ、かならず満腹になります。それ以上食べようとすれば、食べ物を見たくもないほどの苦に変わるはずです。温泉に入ることが三度のメシより楽しみだといっても、湯船につかりっきりというわけにはいきません。湯船から出て冷まさなければ、ノボせて苦に変わるように、

どんなに楽しいことも、いずれは苦しみに変わる

と教えます。まさに「過ぎたるはおよばざるがごとし」の格言どおりです。

一方、こうした苦しみに変わる症状が出るから、死という一大事にいたることを防ぐことができると教えられます。

つまり、道理三の「あらゆるものすべては、苦に変わる」という道理は、苦という思いどおりにならない現象が自身の中に起こるから、生命が維持できると教えるものです。世間のモノサシは、思いどおりにしたいと考えては苦をまねいているのに対し、

思いどおりにならないことが、ありがたい

という道理のモノサシによって、待望の「苦を滅する」ことができることを、釈尊は慈愛をもって教えられます。

こうした「思いどおりにならないことが、ありがたい」というモノサシを、世間のモノサシに添わせると、

目の前の苦しみは、苦でなくなる

のです。極楽（きわめてやすらか）往《い》きの切符は、この生きかたで手に入ります。

きらいだと思う食べ物も、食べ続けているうちに好きになり、気が合わないと思った人との付き合いも、付き合っているあいだにウマが合うようになるというようなものでしょう。つまり、

思いどおりにならないことを遠ざければ苦になり、ありがたい、と受けとめるとき、苦は苦ではなくなる

釈尊は教えられます。苦が滅すれば、必然に楽が増えることになる道理です。苦を滅するとはそういうものであると、というものです。

しかし一方で、こうした道理は誰もが知っていることでもあります。愛するわが子や孫をダメにしようとするなら、いとも簡単。金銭や物など、欲しがるものを、いつでもどこでも好きなだけ思いどおりに与え続ければ完成します。自身に目を向けても、好きなものを好きなだけ食べて飲んでいれば、どうなるかくらいはわかるでしょう。

このことは、我慢という、思いどおりにならない道理が、安定した生きかたになることを象徴しています。

「あらゆるものすべては、苦である」と釈尊が教えられるのですから、思いどおりにならないことを楽しむことが賢明な生きかたになります。

思いどおりになるときも楽しみ、思いどおりにならないときも楽しめるなら、中国唐時代の禅僧・雲門《うんもん》禅師が長い修行の末に達した悟りの境地で、「日々《ひび》是好日《これこうじつ》（暑い日も寒い日も、晴れの日も雨の日も、たとえ嵐の日も、みんな好い日）」という、どんな日もどんなことも良いこととして受け入れることができる心境がひらかれます。

古典のひとつ『徒然草《つれづれぐさ》』の第七段に、「人間はいつ死ぬかわからないから」と題して、この世が、何でも思いどおりにいってしまうとしたら、これほどたいくつなことはない。人間は、いつ死ぬかわからないところがいいのにね。（少年少女古典文学館『徒然草』講談社、嵐山孝三郎著）

とあるのが味わいのある一節です。死が決められたら、これもつらい。死が決まっていないから、ありがたい。「思いどおりにならないことが、ありがたい」の座標が、釈尊が示された真理、道理だったのです。

三、極楽のあり場所

こころの到達点、極楽浄土（きわめてやすらかできよらかな心境）で生きる

釈尊が示された極楽への歩みは、どのように展開していくのであろうか。その第一歩は、**受け難《がた》い中で、人の身を受けたのだから、心境は極楽浄土（きわめてやすらかできよらかな心境）に往き生まれること**と、この世に人の身を受けた偉業を最大にほめたたえています。それだけ、人の身を受けて生きていることが素晴らしいということです。そうしたうえで、極楽（きわめてやすらか）な心境に往き生まれるようすすめます。

この世に人としての生を受けたことを、最高の賛辞をもってたたえるのですから、残された宿題は、極楽浄土（きわめてやすらかできよらかな心境）で生きることです。心身という言葉がありますが、身は人としての生を受け満点となったので、あとは生きがいを満点にするのです。

極楽のあり場所

では主題の極楽浄土とは、どこにあると説かれているのかという問題です。極楽などあるはずがないと考える人にとっては、最大の関心事でしょう。

数多くの経典のうち『仏説阿弥陀経《ぶっせつあみだきょう》』に、

これより西方に十万億の仏土を過ぎて世界あり、名づけて極楽という。その土に仏まします、阿弥陀と号す。

と明快に示されます。これより西の方角で、十万億の仏土を過ぎたところに阿弥陀如来のましまます極楽浄土があるというのです。

はるか遠いところを連想させる十万億の仏土とは、どんな意味があるのかという疑問があるでしょう。宇宙開発の時代、ロケットでも飛ばしていけば、あたかも極楽浄土があるように説かれています。この教えについて釈尊は、

人間は、ガンコでしぶとい我執《がしゅう》（たとえば自分の考えが正しいとコダワル）という世間のモノサシを持っている。このような我執の根の深さを「十万億の仏土」にたとえている

というものです。釈尊は、そうしたこだわりの強さを、極楽（きわめてやすらか）な心境にいたることを困難にする根の深さとして距離に喩《たと》えられたのです。ということは、そうした我執から離れることによって、極楽にいたることが可能であることを意味します。たとえば、

自分のもつこだわりから離れて、他の人の考えや立場をも認める

という釈尊の説く道理のモノサシを得たときに、人間関係に潤《うるお》いを生じ、極楽（きわめてやすらか）で浄土（きよらかな心境）に入っていくことができると説かれています。

こうした道理は、思想信条、人種、民族を問わず、万人がいきいきと生きていくことを可能にする共通の「智慧」です。

知識は、生きるうえで重要な道具ですが、一方で知識の多い少ないは、選別や差別を生む要因になります。釈尊は、差別とは無縁の智慧を基本としています。

智慧で生きるとは

では注目の「きわめてやすらか」に生きる智慧とはどういうものか、ということです。

浄土三部経のひとつ『仏説無量《ぶっせつむりょう》寿経《じゅきょう》』の中で、阿弥陀仏が極楽（きわめてやすらか）に生きる四十八の本願（偽りのない本当の願い）を発されています。この本願から得られる智慧の第一番目に、

もし私が阿弥陀仏になったとしても、（救いを求める人々がいる）私の国に地獄《じごく》・餓鬼《がき》・畜生《ちくしょう》がいるなら（誓って）正しい仏のさとりを取らない。（カッコ内は著者補足・以下同じ）

と阿弥陀仏が、ガンコでしぶとい我執がまねく地獄、餓鬼、畜生という三つの悪道の心境に堕《お》ちることのない智慧が得られると示されています。つまり地獄の苦しみという、その苦から救われる智慧が、阿弥陀仏の本願にあるということです。

このことは、自分のすがたを明らかにしてくれる智慧でもあることを意味しています。私たちはそうした「自分」を知らずに、あっちにウロウロ、こっちにウロウロと揺れ動きながら生きています。

そこで釈尊は、私たち人間のすがたを次のように見通しています。

人間は地獄、餓鬼、畜生、修羅《しゅら》、人《にん》、天《てん》という六つのすがたを現しながら生きていると見通しました。日々これらのすがたを現しながら、車輪が坂道をころげおちるように、生きがいを見いだせず、惰性のままに歳をとり、死に向けて生きているのが人間であるということです。

釈尊は、こう問いかけます。「いま生きがいがありますか」と。生きがいもなく生きている人を、生ける屍《しかばね》といいます。ですから、極楽（きわめてやすらか）な生きがいを得なければ、生ききった人生とはなりません。

六つのすがたの中でも、地獄、餓鬼、畜生を、とくに三悪道《さんあくどう》といいます。迷いの底が見えない、深く暗い心の闇《やみ》のすがたをいいます。ときには地獄のような状態になり、また餓鬼にもなり、畜生のような生きざまを繰り返しては、生きがいを感じることもなく暮らしているのが私であると釈尊は教えられます。

そうかなと、にわかには納得できないでしょうが、これが自分のすがたということです。

《ここで一休さん、ひとやすみ》

あとの三つ、「修羅」は修羅場ともいい、争いやケンカをするすがた。「人」とは、人間として生存するすがたをいい、「天」は六つのすがたの中でも最高最勝の気分といったところ。ちょうど酒を飲んで、いっとき天にも昇るような気分良くなった状態をいいます。けれども、酔いが醒《さ》めればもとのすがたにもどるありさまをいう。

阿弥陀仏の国（救いを求める人々のいるところ――つまり人間の世界）に、地獄、餓鬼、畜生という三つの悪道に堕ちてしまう人があるなら決してさとりを取らないと、阿弥陀仏が自身のほとけの地位をかけて誓っています。

このことは、どのような世の中にあっても三悪道に堕ちることがない、極楽（きわめてやすらか）な心境に生きる智慧が阿弥陀仏にあることを意味します。そうした智慧にくらいために堕ちる地獄・餓鬼・畜生とは、どんなところであると教えられているのかということですが、現実の世相に多くを見ることができます。

地獄のあり場所、それは家の中である

経典『正法念処経《しょうぼうねんしょきょう》』（全七十巻の第六巻）に、

あなたは地獄に縛られることを畏《おそ》れる。これ（地獄）はあなたの舎宅《しゃたく》（自宅）である。

（原文）汝畏地獄縛、此是汝舎宅

と生活の拠点、わが家の中に地獄があると示しています。大谷大学元学長小川一乗氏は、著書の中で「地獄はどこかにあるのではなく、地獄は苦悩の中で見えてくる世界」と、一人ひとりの心のありようであるといっています。

家族として絆が強いはずの家の中でさえあるということは、人が集まるところなら、どこでも地獄があることになります。この地獄を離れることで得られるところを極楽と見るなら、極楽も地獄も人が集まるところにあるということです。

言葉が通じる世界を「人間の世界」という
言葉が通じ合わない世界を「地獄」といい
言葉を交わさなくても通じ合う世界を「極楽」という

といった人があります。この言葉は、地獄も極楽も人の集まるところであることを象徴しています。「アンタがわるい」「オマエがわるい」と、たがいに相手を責めているあいだは、どんな言葉も通じず、さしずめ地獄状態です。

つきつめれば、地獄にするのも極楽にするのも私で、他人ではないということです。

地獄は「極苦処《ごっくしょ》（極めて苦しい処）」、「無幸処《むこうしょ》（幸せがない処）」ともいいますが、その中でもつらくきびしい地獄は「我今帰る処なし、孤独で無同伴《むどうはん》」であると説かれます。どこにいっても話す相手がいない、家に帰っても孤立し会話すらないなど、ただ孤独感にさいなまれる状態をいいます。

あの「殺すのは誰でもよかった」と無差別に命を奪った犯人には、孤独で無同伴という地獄に堕ちた状況が垣間見《かいま》えるような気がします。少子高齢化が進むにつれ、独居老人の増加も見過ごせない現象でしょう。

テレビ番組で、初老の男性が「金より他人とのつながりが無くなり、自分の存在が認められなくなることが怖い」と、求人情報誌に目を落としながらつぶやいた言葉が、孤独になることの怖さを物語ります。

孤独とは、誰一人ついてきてくれる人がいない。無同伴とは、私の喜びを自分の喜びとし、私の悲しみを自分の悲しみとしてくれる人がいない。これが孤独で無同伴という地獄に堕ちた人の心の内です。人と人との縁が無くなっていく無縁社会は、ますます殺伐《さつばつ》とした状況をつくりだします。

灼熱《しゃくねつ》地獄や黒縄《こくじょう》地獄、寒地獄などもあると説かれますが、これらも地獄に堕ちた人の心境のひとつといえ、どれも想像を絶する苦しみの世界です。

このような地獄に堕ちると、地獄の責め苦がいつまでも休む間も無く続くような錯覚をおぼえるところから、とくに「無間《むけん》地獄」と名がつきます。

この十二年のあいだ、続けて自らの命を絶つ人が三万人を超えるという統計がありますが、そうした中には、孤独で無同伴がどこまでも続くという無間地獄の中を苦しんだ人が多くあるはずです。そうでなければ自ら命を絶つには至らないでしょう。

無間地獄に堕ちると、八方ふさがりになり、自暴自棄におちいるか、無差別に八つ当たりするか、自ら命を縮めるほかありません。

阿弥陀仏の本願には、こうした地獄に堕ちることから解放される智慧があります。

餓鬼とは?

餓鬼とは「飢《う》えと渇《かわ》きに苦しむ状態」になる人をいいます。

物が有れば有ることに、無ければ無いことに縛られ、常に物に振り回される状態です。

空腹だからと、どんなに食べても飢えがおさまらず、いつまでも続くのです。ちょうど海水を飲んで喉の渇きを癒《いや》すようなものです。飲めば飲むほど渇きに苦しむことになります。物があふれた現代、いつも流行の先端を追い求めていなければ取り残されてしまうと考えて、際限なく買い求めるのも同じようなことです。

阿弥陀仏の智慧には、こうした飢えから解放される智慧があります。

畜生とは？

畜生とは、畜養（ヒモを付けられて飼育）される生類（鳥獣虫魚など）をふくめたすべての生きものをいいます。

我ら人間に当てはめれば、さしずめヒモにつながれたペットのような存在です。自立できず、力あるものに甘えて、すがり、寄りかかって生きている人間です。たとえ夫婦でも、たがいにその存在に甘えて生きている人もそのひとつです。

くわえて、自己抑制がきかず、自己関心が強く、他人の言動が気になり、成人したけれどもいつまでも自立できないでいる若者も、畜生の一種といえそうです。

阿弥陀仏の智慧には、こうした世界からも解放される智慧があります。

四、三悪道からの解放

三悪道はおそろしい

第一願に続いて、第二願には、

もし私が阿弥陀仏になったとしても、（救いを求める人々のいる）私の国の人たちが、いのち終わって、また三悪道にかえるならば（誓って）正しい仏のさとりを取らない。

と、三悪道にもどることがないよう阿弥陀仏が重ねて誓われます。重ねて誓うとは、どういうことであろうか。

この第二願は、「また」にポイントがあります。

阿弥陀仏の智慧によって、きわめてやすらかな心境で生きることができるようになった人が、またもとの三悪道にもどることがあることを意味します。ちょうど極楽浄土と三悪道のあいだを往ったり来たりするようなものです。

ごく普通に考えれば、いちど極楽（きわめてやすらか）な心境に往《い》き生まれたならば、地獄のような心境にもどることがなくなると思うかもしれません。せっかくそうした心境に生まれたのに、また三悪道にもどるなんてまっぴらゴメンというのが正直な気持ちでしょう。しかし、現実はそうはいかないと、釈尊はそんな私のために第二願を用意されたのです。

それは、今の世が地獄、餓鬼、畜生の三悪道の世だからです。

そこから一歩も出られない私たちは、極楽（きわめてやすらか）な心境にばかり浸《ひた》ってはいられないことがいくらでも起こるのです。「私もずいぶん長生きさせてもらったものだ」と内心では喜んでいても、他人から「あなたもずいぶん老いぼれたものだ」といわれただけで腹が立つように、言葉ひとつでガラッと気分が変わるのです。

こんな調子で、あっちこっちと当たり散らすのも私であって、そうしたことを繰り返していれば、たちまち孤独で無同伴の地獄に堕ちるハメになるでしょう。「もう決して腹など立てない」と、ほとけさんのような気分になっても、そんなものがたちどころに吹き飛んでしまうのが、人間という生き物の特性であることを、釈尊は見通しているのです。

地獄、餓鬼、畜生の三悪道は、ほかでもない現実の世界です。欲望の渦巻く世界です。この世界で生きる者にとっては、そこから出るわけにはいきません。

絶え間なく起こる人間関係の相克《そうこく》、衣、食、住における欲望など、そうした現実から一時も離れられない中にいます。

ということは、この世が三悪道の世であるために、極楽（きわめてやすらか）で浄土（きよらかな心境）を求める気持ちが生ずるということになります。もめごとや争いがあるから、求めるということです。

そうならば、この世の三悪道をしっかりと感じ取ること、それでこそ浄土（きよらかな心境）に往き生まれようとする気持ちが強く生ずることにつながるのです。

もしも、地獄も餓鬼も畜生もない平穏無事な世の中ならば、誰も浄土など求めようとはしません。極楽（きわめてやすらか）な心境の世界に生まれたいと願うなら、現実世間をよく観、自身をよく知り、そこに三悪道のすがたを強く実感することがだいじです。

そうしてみたら、地獄、餓鬼、畜生は、実は私自身であることが見えてきます。他人ではない、三悪道は私そのものということです。つまり、

他人をののしる心中に地獄がひそんでいる

のです。また、

あれもほしい、これもほしい心に餓鬼がひそんでいる

のです。先に述べた「地獄は自分の住む舎宅（家）である」の家の中の一人であるのが自分なのですから。

高速道路が渋滞して難儀《なんぎ》したという、その一台に自分の車があります。渋滞の一翼をになっていることを忘れて、他人の車に腹を立てるのは、道理のモノサシに反しているでしょう。そうしたことから、自分を三悪道そのものと認識できるときに、極楽（きわめてやすらか）な心境の扉が開かれるのです。

三悪道がいかに人間関係を崩壊させる要因かを釈尊が見通して、第一願、第二願と本願のはじめに位置づけておられることは注目されます。どこまでも三悪道から遠ざかろうとしないで、三悪道の中にあって、

三悪道が問題とはならない人生を生きる

ことが極楽浄土への道です。

わずらい・悩みが生きる力

親鸞聖人が自ら書かれた『教行《きょうぎょう》信証《しんしょう》』にある「正信念仏偈《しょうしんねんぶつげ》」の中で、

わずらいや悩みが林の木のようにあるけれども（煩悩林《ぼんのうりん》）、その中を遊《ゆ》ったりすごすがよい。そうすることで「すぐれたはたらき（身心の自在なはたらき――神通《じんずう》）」が現れる。

（原文「遊煩悩林現神通」）

と述べられています。

現実のわずらい悩みの中を、ゆったり過ごすのがよいという意味をもった言葉です。しかも「すぐれたはたらき」までが現れるのですから、こたえられませんね。

これまでなら、わずらいや悩みを避けようとしたものが、そうではないからです。

《ここで一休さん・ひとやすみ》

神通力―すぐれたはたらき、とは？

浄土経典のひとつ『仏説無量寿経』の四十八の本願文には、阿弥陀仏が、次のように六つの神通力（すぐれたはたらきという智慧）が浄土（きよらかな心境）に生まれた人々にはあらわれると誓っています。
ここでは、本願が神通力として誓う智慧の功徳を要約して記します。興味のある人は、経典の本文を参照してください。

第五願　自他の過去の世の生存の状態をことごとく知るはたらき（宿命《しゅくみょうち》智通《つう》）
第六願　世間のすべての遠近、苦楽、粗細《そさい》などを見とおすはたらき（天眼《てんげんち》智通《つう》）
第七願　世間のすべての声を、ことごとく聞きとるはたらき（天耳《てんにち》智通《つう》）
第八願　他人の心中に思う善悪を、ことごとく知るはたらき（他心《たしんち》智通《つう》）
第九願　思いどおりに、どこまでも飛行していけるはたらき（神足《じんそくち》智通《つう》）
第十願　煩悩をすべて断ち得て、二度と迷界に生まれないことをさとる通力（漏尽《ろじんち》智通《つう》）

どうですか、こうした神通力がそなわるとなれば、わずらいや悩みは、大歓迎でしょう。わずらいや悩みが、神通力という智慧を産みだすエネルギー源であると釈尊は示されています。わずらってよかった、悩んでよかった、という目から鱗《うろこ》が落ちる教説が、極楽（きわめてやすらか）な心境に生きる背骨となる智慧だったのです。

厄除《やくよ》け、厄払いは、言葉どおりにとれば、「苦しみや悩みごとはまっぴらゴメン」という排除の思想です。ところが釈尊の説く道理のモノサシは、

わずらいや悩みの中をゆったりとすごすのがよい。そうすることでさまざまな、すぐれたはたらきがそなわる

という、まさに逆転の発想ともいえるものです。子育てで悩むがよい。親子関係で悩むがよい。夫婦のあいだで悩むがよい。知人、友人で悩むがよい。そうしたわずらい悩みの中から、先の第八願に「他人の心中をことごとく知る」智慧がそなわると、道理のモノサシへの転換をうながします。つまり、

わずらいや悩みを避けようとする世間のモノサシから、わずらいや悩みをゆったりとすごす道理のモノサシを添える

ことで、「極楽（きわめてやすらか）」な心境に導かれていきます。

わずらいましょう、悩みましょう、そうすることによって自然（おのずから）にすぐれたはたらきがそなわるのですよ、ということです。阿弥陀仏が発された本願には、三悪道についてどう受け止めればいいかの智慧のあることが示されています。

では、三悪道からどのように救われるのでしょうか。

三悪道から解放される秘訣

「なに、ちょっと考え方を変えりゃあいいのさ」と思うかもしれませんが、ことはそう簡単なことではありません。「ちょっと」くらいでは、何かことが起これば、すぐにもとにもどるのが人間の習性だからです。「もう、決してケンカしない」と誓ってみても、ちょっとしたはずみでケンカに発展するのも、また私です。

前述のように、わずらいや悩みの中をゆったり過ごすことがわかっただけでも一歩前進ですが、その程度ではやすらかな気分など吹き飛んでしまいます。したがって、もっとたしかな秘訣《ひけつ》があれば、鬼に金棒です。

そこで、阿弥陀仏の智慧の中の智慧、第十八願「念仏往生の願」に登場してもらうことにします。

《ここで一休さん・ひとやすみ》

得意な技のことを「おはこ」といいますが、文字にすると「十八番」と書きます。ワープロで「おはこ」と入力すると、「十八番」と変換されて出てきます。これは、阿弥陀仏の四十八ある本願のうち、もっとも重要な第十八番目「念仏往生の願」に敬意をはらったものといわれます。

つまり阿弥陀仏が人々に「極楽（きわめてやすらか）」な心境で生きるために発する願いの中で、第十八願の「念仏を称えて浄土に往き生まれる」ことをすすめる本願が、最も重要な智慧であることを意味します。念仏を称えることが、救いの要です。

蛇足《だそく》ですが、相撲の決まり手が四十八手（実際はもっと多いそうです）といわれるのも、十八番と同じように、阿弥陀仏の本願の数に敬意をはらったものといわれます。

では、注目の第十八願「念仏往生の願」です。この本願に、きわめてやすらかな心境に往き生まれる究極の智慧が集約されています。本物の究極なのです。

さて、第十八願とは、

もし私が阿弥陀仏になったとしても、十方の衆生（すべての生類《しょうるい》）が至心《ししん》（まことのこころ）に信楽《しんぎょう》してわが国に生まれたいと欲《おも》い乃至《ないし》十念せんに、もしも生まれないならば（誓って）正しい仏のさとりを取らない。ただ、五逆《ごぎゃく》と正法《しょうぼう》を誹謗《ひほう》する者を除く。

とあります。念仏を称えて浄土に生まれることを、阿弥陀仏が自身のさとりを得ることを懸《か》けてまで強くすすめます。

五、念仏の意味

なぜ念仏？

本願の文をかみくだくと、

もし私が阿弥陀仏になったとしても「きわめてやすらか」な私の浄土に生まれたいとあらゆる人びとが「うたがうこころなく、まことのこころ」で欲《おも》うならば念仏しなさい。もしも念仏して浄土に生まれることがなければ阿弥陀仏は決して仏のさとりを取りません。ただ五つの逆罪《ぎゃくざい》と正しい法をそしる人をのぞく。

となります。これが私たちに向けた、阿弥陀仏の本願、偽《いつわ》りのない本当の願いの中で、もっとも重要な本願です。

願いというよりも、「念仏しなさい」という阿弥陀仏から「ワタシ」への命令といってよいほどのものです。

ところが命令となると、「へえー、なんでえ?」と思うでしょう。命令されるいわれなど、これっぽっちもないと。ところが、阿弥陀如来から見ると、しっかりあるというのです。私のほうは、命令されるいわれはないといっているのに、阿弥陀如来は「ある」と主張しているのです。

この命令は、ちょうど子を持つ親が、わが子の成長を完遂できなかったら、決して親と名のることはしないと、わが子に強く誓うようなものです。これほど強いさとりへの導きをする人は、実の親でも容易には存在しえないでしょう。

ところが、この第十八願の文には、いくつか疑問に思うことがあるはずです。「なぜ念仏なのか」「なぜ十念なのか」などと、どうして念仏なのか。また最後の「五逆《ごぎゃく》」あるいは「正法《しょうぼう》を誹謗《ひほう》する」などです。

念仏の深い意味

それでは、注目の第十八願「念仏往生の願」とは、どんな意味をもった智慧でしょうか。念仏とは、いうまでもなく阿弥陀仏です。念仏とは、「ナムアミダブツ（意味は、阿弥陀仏の命ずるところに帰ります）」と、その名を称えて極楽（きわめてやすらか）な阿弥陀仏の浄土（きよらかな心境）の世界に往生（往き生まれ）していこうとするものです。

つまり「南無阿弥陀仏」とその名を称えなさいということで、そうしたらきわめてやすらかな心境に往き生まれることができるからと、阿弥陀仏が命令されているのです。

そこで、ここに問題が出てきます。たかが念仏くらいで救われるのか、「なぜ念仏なのか」ということです。

それはそうですすね、ただ口に「ナムアミダブツ」と称えさえすれば、極楽（きわめてやすらか）な心境に生まれることができるといわれても、ちょっと信じられません。答えは即ノーです。救われるかどうかわからないと考えるのが普通の感覚です。

じつはそこには、念仏にこめられた深い願いがしっかりとあるのです。それはなんとしても極楽（きわめてやすらか）な心境に生まれさせたいという、阿弥陀仏の願いがこめられているからです。

この願いを受けとめることなしに称えても、救われることはじつはありません。称える私が、極楽に生まれようと願わずに称える念仏を、空念仏《からねんぶつ》といいます。

どこまでも私が、極楽に生まれたいと強く願うことがたいせつです。

二通りある念仏

そこで釈尊は、念仏のとなえ方に二通りあると教えています。念仏のしかたには、正しい念仏とそうでない念仏とがあるというのです。

ひとつは、「私が、阿弥陀仏を念ずる」という念仏。もうひとつは、「阿弥陀仏から念ぜられていることに報《むく》い感謝」をする念仏です。そのどちらが正しい念仏かというと、正解は後者です。

おそらく、前者ではないかと考える人が多いのではないかと思いますが、これが多くの人の感覚でしょう。神頼み、ほとけ頼みといいますから。頼みごとをかなえてもらおうとするスタンスです。

しかしよくよく考えてみれば、頼みごと念仏は、気休めにほかなりません。はたして頼んではみたが、その通りになるかどうかは、はっきりしません。

もっとも、残念ながら阿弥陀さんという仏さんは、頼みごとを受け付けてくれる仏さんではありません。病気を治したい、金儲《もう》けしたい、合格祈願などと拝んでみても、願いごとをかなえてくれることはありません。

むしろそういう願いごとを、生きるはげましにして、いきいきと生きましょうという仏さんです。病気になったら、「ちょうど休み時がきた」とか、「体の定期点検の時期」が、わがボディーから発せられたと思うのが理にかなっています。

治る病気は治り、治らない病気は治らない。そうなら病気と友だちになろうといった、前向きに生きる智慧に変わることを教える仏さんです。

あの「遊煩悩林《ゆうぼんのうりん》（煩悩の林に遊ぶ）」という言葉が教えているように、林の木の数ほどあるわずらい悩みの中を、ゆったりと過ごすのがベストな生き方であることを教える智慧と慈悲の阿弥陀さんです。

頼みごと念仏では、極楽（きわめてやすらか）な浄土（きよらかな心境）に確実に往き生まれることはありません。一方で念仏は、確実に浄土へ往き生まれることができる智慧です。それも確実に、です。

浄土に確実に往き生まれることができるのが、阿弥陀仏への「報い、感謝」の念仏です。

おかしいですね。

阿弥陀仏への報いとか感謝ということは、阿弥陀仏のはたらきがすでにわが身の上に届いていて、生きる力になっていることを意味します。そんなものがあるのかと、にわかには納得いかないでしょう。

他人はおろか、家族の世話にさえなりたくないと考える現代の世相からすれば、そんなはたらきかけは、よけいなお世話とさえ受けとられかねないのがオチです。

では、どうして報いとか感謝の念仏といえるのか。それは阿弥陀仏のはたらきが、わが身にどのようにはたらいているのかが明らかになることです。

阿弥陀仏の正体

そこで、いよいよ極楽浄土の主、阿弥陀仏について掘り下げる必要に迫られてきたのです。阿弥陀仏から、なぜ、どう念ぜられているかの問題を解決するカギが、阿弥陀仏の正体にあるからです。

このことがわかることで、報い、感謝の念仏がはっきりします。

仏教には、インドの言葉を音写しているものが多くあります。たとえば、この世は苦土《くど》（苦が充満しているところ）、忍土《にんど》（忍ぶところ）であることをシャバといい、「娑婆《しゃば》」と音写しました。これは、インドの「サハー」に当て字したものです。「しゃば」と「サハー」とは、ちょっと発音が似ているでしょう。

阿弥陀仏の「アミダ」も、インドの言葉で、正しくはアミターユスともアミターバとも発音します。これを阿弥陀仏と音写したものです。そこで意味の上では、アミターユスを「無量寿」、アミターバを「無量光」といいます。ですから阿弥陀仏を、無量寿仏とか無量光仏と言い換えることができます。

無量寿仏とは、「無量の寿」を持った仏《ほとけ》、つまり「計算したり量ることができないほど多くの寿をもった」仏さまということです。もうひとつの無量光仏は、無量の寿からは「無量の光」が発せられ、常にわが身を照らし生かしてくれる仏さまということです。ですから無量寿仏がわかれば、無量光仏がわかることになります。

ボディーの寿と、生きがいの命

それでは、阿弥陀如来・無量寿仏について明らかにしていくことにします。

無量寿仏とは、無量の寿を持った仏ですから、無量の寿が問題となります。無量とは、すでに記したように、計算したり量ったりできないほど多いという形容詞ですから、主体が寿であることがわかります。寿が、阿弥陀仏の本体です。

寿の文字は、壽とも書くように、祝いごとにはきまって登場する文字です。また人間の寿命、乾電池の寿命のような意味でも使い、寿は「いのち」の要に使われます。

私の使う辞典には、「この世に生を受けてから死に至るまでの期間持続し、われわれの身体の体温と心の意識とを執持《しゅうじ》し、もちこたえるはたらきをもつもの」とあります。ようするに、ボディーという「寿」の上に、迷いや煩悩のもとになる思いや考え、生きがいなどの「命」が同居している構図です。つまり私は、ボディーの寿と生きがいの命の二つをあわせ持っていることになります。寿命の言葉には、このような意味があるのです。

ボディーあっての私ですから、ボディーの寿がなくなれば、同時に生きがいの命もなくなります。わがボディーは、大地、宇宙の無量の寿（さまざまな食品類などなど）を、生きてきた年数だけ摂《と》り続けてきた、何ごとにも代えがたい貴重な存在です。ところが、そのボディーに共存している思いや考えに問題があるのです。

つまりボディーに宿るわずらいや悩みから発する思いや考えが、母体であるボディーを悩ますのです。

血糖値が高い人のボディーは、糖分を拒絶しているのに、食べたいというわずらい悩みが、糖分の多いものを食べてはボディーをわずらわせ、糖尿病にいたらせるようなものです。

まさに「獅子身中の虫」の言葉がピッタリで、ボディーに宿っているわずらい悩みの虫に、獅子（ボディー）が悩まされるのです。

わずらい悩ます虫が、ボディーに宿らなければ、ボディーは悩まされることはありません。的はずれの思いや、生きがいという虫が、わが身をわずらわせるため、いきいきとした人生にならないのです。

病気を「気の病」と書くように、思いや考えから発せられる迷いを気の病といい、その病が不離一体のボディーにプレッシャーをかけるために故障させ、故障によってわずらい悩みも増幅されるという構図です。この気の病を、どう始末するかという一点に、命運がかかります。

私は無我・ゼロの身です

そこで目を転じて、日々寄りそう愛するわがボディーがどんな存在なのかに目を移します。つまり、わがボディーがどうなっているのかという問題です。

先にボディーが宇宙、大地の無量の寿、つまり阿弥陀さんからのたまわりものの身であると述べました。

それは、わがボディーが母の胎内に宿る前、つまり無我（我がなにも無い）・ゼロのところまでもどって、わが身を見渡すと明白になります。

父と母のあいだに稀《まれ》な縁が結ばれるまでは、私は影も形もないゼロの身でしかありません。母の胎内に生命が結実してからこの世に出るまでは、母なる人が、日々欠かさずにさまざまな食品を摂り入れてきました。

生まれてこれまで、毎日食べたあの米ひと粒をとってみても、どれだけの米粒が体内に入り、そして通過したのか。しかも、その一粒ひと粒は、無量の肥料や水、無量の光、温度を浴びて成長したものです。米ひと粒さえも、計算不可能な無量なる寿を持っていることがわかります。

親鸞聖人は、『和讃』（和語《日本語》で仏を讃える歌）の中で、

ガンジス河の砂の数ほどの多くの如来（ほとけ）は

と、すべての「いきとしいけるいのち」を、あのインドの大河で向こう岸さえ見えないようなガンジス河の砂の数ほどの如来と譬《たと》えられていますから、米ひと粒を如来つまりほとけと見立てることに無理はないでしょう。

わが愛するボディーは、無量、無辺の宇宙・大地から、ガンジス河の砂の数に喩えるよ

うな無量の寿をもっています。

しかもこれは、米粒だけです。他の食品も食べてきたことを考えあわせれば、天文学的な如来（ほとけ）が力になって、いまのわがボディー・身体があることがわかります。

わがボディーは、ゼロの身から人となってよりこのかた、川の水の流れのように移り変わり、死に向けて生きる無常（常に移り変わっていく）の身です。そこでは、なにひとつ我というつかみどころのない身ではあるけれども、生きているそのあいだは、大地、宇宙からの無量なる寿を常に受け続けている、如来の大集積地ともいうべき、敬うべき存在だったのです。

本日ただいまからわが身を、

如来のあつまり

と見たてまつりましょう、ということです。そうしたところから、寄りそって離れないわが身を敬うと同時に、

家族をはじめ、世のすべての人みな如来の人

であることが見えてきます。

敬いの人であるという見方に転ずることによって、悩みの種だった家族関係など、人間付き合いという気の病が消滅していきます。

念仏の真髄、生かされ生きていた　御礼の念仏

こうした事実に気づかされると、「そうだったか、こんなにも無量の寿に生かされ続けていた身」だったか。しかも自らの力が塵《ちり》ひとつおよばない宇宙、大地の無量の寿（つまり阿弥陀仏）のはたらきかけに感嘆できるとき、一木一草にいたるまで「無量の寿、ありがとう」の心境になるしかないことがわかってきます。

四十代に入って間もなく、急性のぜんそくに襲われたことがありましたが、そのときこの一呼吸が止まってしまうのかと一瞬脳裏をかすめました。生きるも死ぬも、己《おのれ》の裁量や力など、微塵《みじん》もおよばないことを、このときに知らされたものです。

そうした無量寿・阿弥陀仏からのはたらきかけを、一日、一時たりとも休まずに摂り入れ続けています。これまで宇宙、大地の無量の寿に生かされ続け、これからも生かされ続けられるであろうことを凝視《ぎょうし》すれば、ひたすら宇宙、大地の無量の寿の命ずるところに帰

る心境になるほかありません。

身はまちがいなく衰えていきます。そうした衰えの中をいきいきと生き続けることのうながしが、常に無量寿、つまり阿弥陀仏から無量の寿が無量の光となってわが身が照らされていることの認識です。つまり、

いきいきと生きたいと思うならば、無量の寿の命ずるところに帰りなさい

と阿弥陀仏から念ぜられていることに報いる、御礼の気持ちをもった返事がナムアミダブツです。

子や孫に、「他人から親切をうけたら御礼をいいなさい」としつけるのと同様に、大地、宇宙の寿を日々受け続けている親切に応える意思表示が、「無量の寿よ、ありがとう」であり、「無量の寿の命ずるところに帰りなさい」「ナンマンダブ」「ナムアミダブツ」です。どれも意味するところは同じ御礼の言葉です。

釈尊の示した御礼という教えは、万人が生きる「道理教」なのです。

無量なる寿よ、ありがとう

無量なる寿の阿弥陀仏が、日々休みなく私にはたらきかけているのですから、このはたらきかけを意識化しておくために、「なむあみだぶつ」の名号になりました。

《一休さん・ひとやすみ》

「なむあみだぶつ」、つまり南無阿弥陀仏は、すべてインドの言葉で、梵語《ぼんご》といいます。「梵」とは、清浄の意味がありますので、清浄の言葉といえます。南無阿弥陀仏を日本語に直すと、「南無」は梵語で、「ナムォー（およそナムとナモの中間）」といい、漢字では「帰命」、文字の通り「命ずるところに帰りなさい」となります。続いて「阿弥陀仏」が、これまで何度もふれてきた「無量寿」とか「無量なる寿」ですから、南無阿弥陀仏とは、「無量なる寿の命ずるところに帰る」となります。

また髪の毛一本、爪先一片とも宇宙、大地の無量なる寿の中からわが身の一部となっていることから、南無阿弥陀仏を、「無量なる寿よ、ありがとう」という受けとめができます。

しかし、「なむあみだぶつ」を、抹香臭いと感じる人もいるでしょう。そんな人は、そのまま「無量の寿の命ずるところに帰ります」でよいし、「無量の寿、ありがとう」と口ずさんでも同じことです。インド語でいうか、日本語でいうかの違いだけですから。しかし、インド語の「なむあみだぶつ」のほうが、称えやすいことがわかるでしょう。

妙好人《みょうこうにん》（念仏をよろこぶ人）といわれる、河村ふでさん（故人）は、

あっ、きょうも
目が見えてくださる
手が上がってくださる
足が動いてくださる
おかげさまじゃのう
ありがたいことじゃのう

と毎朝、目が覚めたとき、きまってひとりごとのようにつぶやいていたといわれます。

この言葉は、無量の寿とその光を日々受けていることに対する感謝の心境を表していることがわかります。これも、「無量の寿、阿弥陀仏の命ずるところに帰る・ありがとう――なむあみだぶつ」という念仏のひとつだと私は思っています。

「ナンマンダブ」と念仏するのが照れくさい人は、河村ふでさんのような言葉を口ずさむのもいいですね。「あ、きょうも鳥のさえずる声が聞こえてくる」「かわいい孫の声が聞こえてくる」などと。

「無量の寿が命ずるところに帰る、ありがとう」の座標に立つと、こうした感動が日々豊かになり、元気の活力源になるとともに、極楽（きわめてやすらか）な心境に生きることができるというものです。

いずれにしても、無我（なにひとつ我が無い）・ゼロの身が一分、一秒、無量の寿に生かされ続けている認識です。

極楽（きわめてやすらか）な心境への到達点

釈尊が説かれた、極楽浄土（きわめてやすらかできよらかな心境）に到達する決め手は、無我・ゼロの座標に立つことでした。

そうした座標に立ったところから見えてくる、生きていることの感動が、極楽浄土（きわめてやすらかできよらかな心境）に往き生まれることになります。どこまでも生命の源流である、

無我、ゼロの座標

に立つことです。そこから決して離れないことにあります。母の胎内に宿った無我・ゼロを一歩も離れないところで生きる、この一点が「きわめてやすらかできよらかな心境」に生きる不動の座標です。

そして、その座標に立つための念（心のおもい）が、一時、一秒も、たゆまずに無量寿・阿弥陀仏から常に生かされ生きていることとの認識を保つナムアミダブツです。

この無量の寿に生かされている念《おもい》を忘れ、自分の力で生きているという座標に移るときに、あの地獄、餓鬼、畜生の三悪道のカマが開き、そこが一生の棲みかになるというものです。

六、念仏の功徳

仏仏相念—人間回復

さて、ここで無我・ゼロの座標に立って周囲を見わたします。家族をはじめ友人、知人、公園に遊ぶ子ども、道行く人など、みなゼロの身からガンジス河の砂の数ほどの無量の寿を持って、この世に生まれてきた敬うべき人たちです。

こうした視点でみると、みな受けがたい中で人の身となったのですから、たがいに「仏」と見たてまつることができます。あなたも私も、仏さまということです。

同時に、いじめなど、人間関係の複雑なアヤを解くカギにもなります。いじめは、人と人との敬いが失われ、つながりをバラバラにさせられたものですから、ともに人として生を受けた尊厳と宇宙・大地の無量の寿を受けた平等の二点を認識しあうことで、人間関係の回復を可能にします。

仏教に「仏仏相念《ぶつぶつそうねん》」という言葉があります。

東南アジアなど、仏教国に行くと、誰彼かまわず合掌しあいます。そこには、同じ無量の寿を受けた仏《ほとけ》同士という認識がありますので、たがいに仏とみたてまつり、敬いあい念じ相《あ》うのです。

合掌のポーズは、無警戒、恭順《きょうじゅん》、そして尊敬を表しますから、たがいに安心感を醸《かも》しだすことになり、間柄を潤《うるお》すことになります。たがいに仏仏相念しあうすがたが見られるなら、ほほえましいではありませんか。

念仏って、いつ称える？

それでは、念仏はいつ称えたらいいのかということになります。時や所を決められたら、称えられないことにもなるでしょう。

そこで浄土真宗の開祖・親鸞聖人は、「行住《ぎょうじゅう》座臥《ざが》、時処諸縁《じしょしょえん》をきらわず」と、仕事中（行）や家事（住）、座っているとき（座）、就寝中（臥）など、いつでも（時）どこでも（処）あらゆるところ（諸縁）でオーケーと教えられます。仏壇があれば仏壇の前はもちろん、なくても無量の寿に生かされている心境と感動があれば、自然に「なむあみだぶつ」と称えることができます。

生かされて生きている実感がわき出るとき、その感動は時もところもえらびません。たとえ寝たきりの身になっても、なにもすることがなくなっても「無量なる寿よ、ありがとう、ナンマンダブ」と称えるとき、きわめてやすらかな心境で過ごすことができるというものです。

五逆と正しい法を誹謗（そしる）するとは

十八願文の宿題、末尾の「五逆《ごぎゃく》と正法《しょうぼう》を誹謗《ひほう》する者を除く」についてです。

五逆とは、人間として犯してはならない五つの罪をさします。「母を殺す」「父を殺す」「阿羅漢《あらかん》（最高のさとりを得た者）を殺す」「仏身を傷つける」「仏法を求める人々の和を破る」の五つをいいます。

正しい法を誹謗するとは、仏法の正しい教えをそしり、中傷することをいいます。

仏法を求める人の基本の生活規範で、このような罪を犯さないよう抑止《おくし》（抑え止めさせる）するための言葉です。

念仏の功徳

さて、こうして念仏によって、極楽浄土（きわめてやすらかできよらかな心境）に往き生まれることができる身になったとき、わが身のうえにどんな功徳がそなわるというのであろうか、ということです。

第一願、第二願の本願では、三悪道に堕ちることがなくなると説かれていますが、それだけでも満足でしょう。また第五願から第十願の六つの本願には、すぐれたはたらきがそなわるという功徳もあります。

しかし阿弥陀さんは、それだけの功徳にとどまらず、第三願には次のような智慧がそなわると誓われています。

もし私が阿弥陀仏になったとしても（救いを求める人々のいる）私の国の人たちが、悉《ことごと》く身も心も滑らかで黄金のごとく光り輝く仏の相をもたないならば（誓って）正しいさとりを取らない。

とあります。

救いを求める人は、誰もが身も心も滑《なめ》らかで、黄金のごとく光り輝く仏の相を持つことになると、阿弥陀仏が誓いをたてられています。

黄金は仏の輝きを象徴する色といわれます。さとりを得た人を黄金色に譬えたもので、もらさず極楽（きわめてやすらか）な心境に往き生まれると、黄金のような輝きになるというものです。

しかしこの色は、現実的でないことは、容易に想像できるでしょう。これはグローバルな目で見れば、世界中のすべての人、白人も黒人も黄色人種の人たちも、みな人として尊く、正しい仏の智慧を得た人から見える色を黄金色に譬えたものです。

釈尊が、誕生して間もなく、七歩歩いて「天上《てんじょう》天下《てんげ》唯我《ゆいが》独尊《どくそん》（世界中の人、ただ人として一人ひとり尊い）」といわれたと伝えられていますが、まさにこの言葉が示す通りです。黄金色は、阿弥陀仏の智慧にめざめた人が、内面から見えてくる感動の色なのだと、私は思います。

第三願には、人種ばかりか性別、職業、思想信条など、もろもろの差異を超えた、絶対の平等性をも誓っておられることは注目できます。続いて第四願には、

もし私が阿弥陀仏になったとしても、（救いを求める人々のいる）私の国の中の人たちの姿かたちが同じでなく、そこに好き醜《みにく》いがあるなら（誓って）正しい仏のさとりを取らない。

と説かれます。

第三願は、「色」についての誓いですが、第四願は「姿かたち」を問題にしています。姿、かたちに、好きや嫌い、美しいや醜いなどがあるようなら、決して仏にはならないというものです。

このことは、我ら人間が、とかく目に映《うつ》るものについて分別という名のもとに、好きや醜いなどを問題にしてはわずらいごとの種をまいていることを、阿弥陀如来が見通しておられることを意味します。

たとえば、天候や季節などの自然現象からはじまり、日や方角、もろもろの競争、占いや姓名判断、衣服やアクセサリー、日用品など、あらゆるものを良いものと悪いものに分けて評定することを良しとした世間のモノサシを持っています。しかし阿弥陀仏のモノサシから見れば、そんなものはいっさい存在しないのです。もしも、

好きや嫌い、美しいや醜いがあるなら（誓って）さとりをとらない

と、そうした違いは存在しないと誓いを明らかにされます。

それは同時に、我ら人間にとっても、物や現象、有様を見る視点になります。

つまり、どんなものにもそうした区別、差別があるなら、極楽（きわめてやすらか）な心境から離れていくことを意味します。物や人など、あらゆることに善し悪しを判別するところから、あの地獄、餓鬼、畜生の三悪道に入りこむことになると教えるものです。

釈尊が、極楽（きわめてやすらか）な心境の世界を設定したことで、こうした三悪道に堕ちることがない人生を生きることができます。これまでは、好き、嫌い、美、醜など、世間のモノサシにふりまわされてきたけれども、そうした違いなどはないという、道理のモノサシにめざめる智慧が私に与えられようとしているのです。

そうかといって、すべてのものが、マネキン人形のように同じ顔、同じスタイルになれば理想と考える人がいるかもしれません。それは的はずれというものです。違う顔、違うスタイル、性格や好みが異なるからおもしろいのです。つまり、個性というもので、街ゆく人がみな同じスタイル、服装、髪形をしていたら、こっけいでしょう。どこへ行っても、同じ商品を売る店ばかりならば退屈します。さまざまな人の上に、さまざまな個性があるから、おもしろいのです。

「法」の衣服って？

最後にちょっと、変わった阿弥陀さんの本願を紹介しましょう。それは第三十八番目に登場する煩悩《ぼんのう》（わずらい悩み）をくすぐるような本願です。

たとえ私が仏となったとしても（救いを求める人々がいる、私の）国の中の人々が、衣服を得ようと思えば、思うままに即座にかなう。（それは）仏の所讃《しょさん》の応法《おうほう》の妙服《みょうぶく》の如く、自然に身にまとう。もし裁縫し染色し洗濯する必要があれば、誓ってさとりをとりません。

というものです。

衣服を得ようと思えば、思うままに即座にかなう。つまり身につけたいと思う衣服があれば、すぐに着ることができるというものです。しかも、裁縫したり、染色したりする必要もなく、まして洗濯さえもする必要がないと誓われています。

世間のモノサシでいう裁縫、染色、洗濯が不要なら、「ホント?」と眉にツバをつけたくなりますね。そうです、ここでいう衣服は、世間でいう衣服でないことはご想像の通りです。

この第三十八願は、日常欠かすことができない衣服に譬えて、念仏によって極楽浄土に往き生まれる功徳がすばらしいことをたたえるものなのです。

どのような衣服かについては、仏の所讃《しょさん》の応法《おうほう》の妙服《みょうぶく》という衣服です。つまり「阿弥陀仏がほめ讃えるところの、法（真理・道理）に覆《おお》われている妙《たえ》なる服」という法の服だったのです。

これなら、裁縫したり染色、あるいは洗濯などする必要はありません。極楽な心境に往き生まれると、外見などに気をとられなくなることをいいます。身につける衣服も、清潔であれば、どんな衣服を身につけても黄金色に輝いて見えるのでしょう。それにしても、いきな計らいをしてくれる阿弥陀さんです。

浄土真宗の教学者金子大榮氏は、「信仰生活者の美しさというものを、衣服隋念《えぶくずいねん》（衣服を得ようとすれば、思うままに即座にかなう）として現されたものでなかろうかと思う」と述べられています。

極楽へ往こう！

それではみなさん、極楽浄土（きわめてやすらかできよらかな心境）に往き生まれるよう出発します。ではスタートラインに立って、ヨーイ・ドンで出発です。

でも、誤解しないでください。これは競争ではありません。一等賞もビリもありません。極楽浄土（きわめてやすらかできよらかな心境）に到達することが重要です。

これは誰にたよるものではありません。一人ひとりの淩《しの》ぎです。
○それでは、生まれの原点に向けて、ヨーイ、スタートです。
○どんどん若返ります。そして、なつかしい母の胎内に入ります。さらにさかのぼること十月十日、わが身が小さくなり、ついに影も形もないゼロとなりました。（ゼロのイメージを大いに膨《ふく》らませてください―なにも無い私です）
○ここに私の父と母となる人が邂逅《かいごう》（きわめてまれなめぐりあい）の縁で結ばれ、母の胎内に小さな私が結ばれます。受け難い中で人の身をうけたところです。父、母の恩が重いところ。
○十月十日、母の胎内で育まれ、無事この世に出ました。
○ここで、人類の大海を見渡しましょう。
○誰もが等しく大地・宇宙の無量の寿《いのち》を受け、他の生き物を選ばずに人の身となった「同朋《どうぼう》・なかま」です。まだ人間関係のわずらい悩みごとのない唯ひとつの世界です。
では、なぜわずらい、悩むのか。このことについて釈尊は、

みな、等しく無我・ゼロの座標

に立つことで、わずらいや悩みから解放されると説かれ、ともに「人の身に生まれた」感動をもちあうことになると教えられます。

○なにも無いゼロから、受け難い中を人となった尊厳性と、同じ無量の寿を身に受けた平等性をもちあうもの同士である認識に立ち帰ります。

○そうした「無我・ゼロ」の座標に立ったとき極楽浄土（きわめてやすらかでできようかな心境）の扉が開きます。

○その扉を開く念が、ゼロという座標に立った「無量の寿の命ずるところに帰る・ありがとう」という「なむあみだぶつ」の念仏であったのです。

宇宙、大地の無量の寿によって生かされ生きている無我・ゼロの座標に立つとき、「無量なる寿の命ずるところに帰ります、ありがとう」と、ほとばしり出る南無阿弥陀仏の念仏が、待ち望んでいた極楽浄土（きわめてやすらかできようかな心境）への到達です。

どこまでも、無我・ゼロの座標に帰りましょう、無我・ゼロの座標に立ちましょうということです。

七、目で見る「極楽・浄土」

極楽浄土をあらわすお仏壇

写真（口絵）を見ていただきましょう。

この写真は、私の所属する宗派（真宗大谷派）の門信徒の多くの家で迎えている仏壇です。仏壇の中心に、阿弥陀如来がおられます。したがって、ここは阿弥陀如来の浄土、極楽浄土をあらわしています。

黄金色で内部が荘厳されていますので、それだけ「きわめてやすらかできよらかな心境」の世界をあらわしています。このような明るい心境で生きましょうという、さしずめ目で見る極楽浄土です。

仏壇は、宗派によって様式はさまざまですが、御本尊やご先祖さまを祀《まつ》った仏の世界をあらわしています。一般的には、家族など親しい方が亡くなった縁で仏壇を迎えることが多いのですが、独立したり所帯を構えたときなどに仏壇を持つ習慣のある地方もあります。

阿弥陀仏の光明に照らされ、生かされて生きている報謝の自覚を保つためにお迎えするのが本筋だからです。

この仏壇は、三つの世界をあらわしています。

還る世界

ひとつは、人間の修行を終えて還る世界です。つまり人間の修行を終えたら極楽浄土に還ることをあらわしています。したがって、還るときがくるまでは、「極楽（きわめてやすらか）」な心境で人生を生き切りましょうという願いがあらわされています。

生まれてきた世界

還る世界があるなら、生まれてきた世界があります。そう、この仏壇の荘厳《しょうごん》（うるわしく飾る）が、私という身が生まれてきた世界をあらわしています。

常に寄りそって離れない最愛のボディーを、ボディーとしてくれた世界です。それは同時に、父・母の縁でわが生命が結ばれる宇宙、大地の無量なる寿、つまり阿弥陀さまの世界で、この阿弥陀さまの浄土から私はこの世に出てきました。

大地の無量の恵み、宇宙からの無量の太陽の光や温度などによって育てられた米や野菜、魚や肉など、さまざまな食品を日々胎内に摂り入れ、わがボディーが作られてきました。仏陀釈尊は、その世界を浄土とされたのではないでしょうか。日々摂《と》り入れるさまざまな食品は、浄土からのたまわりものになります。仏壇にお供えしたお仏飯《ぶっぱん》から、私に向けて「われらは、浄土からあなたへの贈り物」と、問いかけているように思えませんか。

つまり仏壇の荘厳は、阿弥陀仏の本願という心の浄土と、無量の寿をもってわが身となった身の浄土のふたつをあらわしていると考えることができます。日々お参りすることの意味は、身は人としての生を受けた報謝、心は本願から極楽（きわめてやすらか）に生きる智慧をいただくところということになります。阿弥陀さんの四十八の本願の第一願、第二願では、「三悪道に堕ちない」よう誓われ、また第五願から第十願では、「すぐれたはたらき」がそなわる智慧が私に向けられています。そうした阿弥陀さんからの願い（本願―偽りのないほんとうの願い）をいただく場のひとつが、方便として視覚化されたお仏壇だと、私はそう考えています。

ですから日々お参りして、極楽（きわめてやすらか）な心境に往き生まれようと修行する場としてお迎えするのが仏壇なのでしょう。

地球の環境汚染は、いずれ自分が還る浄土が汚れていくことを意味しますから、環境問題は他人ごとではないことを、同時に認識することが求められているように思えてなりません。これから還る浄土を、自らの手で汚してはいけないからです。

目で見る心の到達点

三つ目は、人間修行中に成しとげる心の到達点をあらわしています。身の浄土に対して、心の浄土です。つまり極楽（きわめてやすらか）な心境の世界です。

では何を修行するというのでしょうか。

宇宙、大地から無量の寿を受けて達成した身の浄土に対して、極楽（きわめてやすらか）な心境に往き生まれる修行です。これまで述べてきたように、「我が何も無い、無我・ゼロ」という座標に立つ修行です。

阿弥陀仏の浄土に対して、人間世界を「濁土《じょくど》（煩悩で濁《にご》っている土《ところ》）」と経典では喩えるように、この世の「濁り」の中で極楽浄土（きわめてやすらかできよらかな心境）に往き生まれさせる世界です。

ボディーは、宇宙、大地の浄土から無量の寿を受けて人の身となってはいるけれども、思いや生き方は何も教えられてはいません。仏壇を明るく荘厳しているのも、そうした「きわめてやすらか」な心境に到達できるよう視覚化しています。

無我・ゼロの身が、生かされ続けている座標に立って「無量寿、ありがとう」の念仏がほとばしり出るとき、極楽浄土（きわめてやすらかできよらかな心境）に往き生まれます。

鶴と亀

中でも、ローソクとローソク立てが、それを象徴している仏具です。

ローソク立てを見ると、亀を台座にして鶴が立ち、くちばしから朱色のローソクが立っています。これは地底の低いところを生きる寿《いのち》の代表を亀、反対に一番高いところを生きる寿の代表を鶴、その高低のあいだに生きるすべての無量の寿は、私のために無量の光を放って、私を照らしてくれる寿であることをあらわしています。

ローソクの朱色は、私が二十四時間休みなく無量の寿から出る光に照らされていることを意味します。

たとえば、昼夜休みなく呼吸できるのも、米や野菜など摂取したはたらきで、酸素をとり入れる肺や心臓などの機能が二十四時間休みなくはたらくから安眠できます。このような意味をもった仏具が、ローソクです。

またローソクの灯は、「中道の灯」ともいい、次の項でふれます。

仏の華

釈尊の教えの柱に、中道という生きかたにかかわる背骨、骨格ともいえる道理のモノサシがあります。中道とは、

両極端を離れて得られる、中正な道

がその意味で、先のローソクがそうした光を放っています。つまり良いとか悪いとか、あるいは美しいとか醜いという世間のモノサシに対して、そうした両極端(我執―こだわり)から離れて、なにも違いはないという道理に目覚めるとき、きわめてやすらかな心境に至ることができるというものです。これは、本願の第三願、第四願に相当するものです。

それを象徴する仏具が、ローソク立てと対照の位置にある「仏華《ぶっか》」です。この仏華、お参りする人のほうを向いていて、次のように語りかけます。

私たち花には、色、香り、大きさ、形などさまざまあるけれども、どの花も美しい、醜いなどはなく、それぞれの個性をもって咲いているのだから、どの花も花としてすばらしいと見なさい。

という阿弥陀さんからの命令を意味します。このことは花にかぎらず、すべてのものの見方に共通しています。たとえば、バランスのとれた栄養ということで見れば、「なんでも食べよ」となるし、人間関係でも、

この世に生きる人は、趣味や性格、思想信条や風貌《ふうぼう》など、さまざまだけれども、どの人もその個性を輝かせて生きているのだから、人として尊いと受け止めよ。

という光明を、仏華を通して阿弥陀如来が、極楽（きわめてやすらか）な心境に生きるための命令として出しているのです。

個性は、それぞれバラバラであるけれども、人としていっしょであり、そこから差異《ちがい》のわかる世界の発見をすることを示唆《しさ》しています。あらゆる人は、その個性を出して輝いて

生きているという見方によって、人間関係にひろがりを見ることになります。

こうした見方は、初対面の人と接するときに強い味方になります。これまでならば、「どんな人だろう?」と観察するあいだは、一歩下がったところから接したものが、人として尊いという視点をもてば、より早く関係を築くことが可能になります。

こうした受けとめをすれば、孤独とは無縁になり、いじめをはじめとする人間関係の回復を容易にします。人は誰も、この世に好かれるつもりで生まれ出た人がいないと同様に、嫌われるつもりで生まれた人もいません。

しかし、どうしてもそうした尊厳と平等観で見ることのできない人は、自身の中に区別性や差別心をもっていて、和を保てない自身があることを自覚、認識して生きることです。

これまでのこうした違いを選別してきたモノサシから、違いはないという道理のモノサシを添えた生きかたによって、肩ヒジ張らない生きかたになっていくことを教えるのが釈尊の中道という仏教の根本精神です。

極楽に舞う鳥

もうひとつの仏具、仏壇の上方の欄間《らんま》に鳥が舞っています。

『仏説阿弥陀経』には、白鵠《びゃくこう》、孔雀《くじゃく》、鸚鵡《おうむ》、舎利《しゃり》、迦陵頻伽《かりょうびんが》、共命之鳥《ぐみょうのとり》が登場して、昼夜六回いずこともなきところから飛んできては「和雅音《わげのこえ》（なごやかでみやびな音）を演暢（かなでる）する」とあります。つまり、極楽を美しい音色で荘厳するＢＧＭのようなものといってよいでしょう。

白鵠はハクチョウ、そして孔雀、鸚鵡と、よく聞く名の鳥です。舎利は九官鳥ともいわれ、迦陵頻伽は美声鳥ともいい、美しい声を出して鳴く鳥です。その中でちょっと変わった鳥に、共命の鳥がいます。

この鳥は、二頭一体、つまり体がひとつでありながら頭が二つあるという鳥です。人間世界では存在しない鳥です。奇妙ですね。では、なぜこのような鳥が極楽浄土にあるのかという問題です。

じつはこの鳥が私に向け、ベストな生きかたとして共命の鳥に喩えています。極楽浄土、つまり「きわめてやすらか」な心境に往き生まれた人間の世界で生きることができる心の鳥です。

悩みのほとんどは、人間関係によります。

ちょうど共命の鳥は、私たちがこの世で生きていくのに「このような生きかたをするのがよい」という示唆を与えている鳥です。

さて、どんな生きかたをしたらいいのか、という問題です。

極楽浄土は「きわめてやすらかできよらかなところ」ですから、なにも問題が起こることはありません。ところが弱肉強食、生き馬の目を抜く欲望の渦巻く三悪道の世界では、そうはいきません。二頭一体、つまり体がひとつでありながら指揮系統がふたつあるようなものですから、欲にかられて問題が起きます。

ある日ある時、共命の鳥が、極楽浄土を出て人間世界に舞い降りてきました。おなかをすかせた二頭が、木の実を食べはじめます。力の強いほうが熟した実を食べてしまい、もう一頭が食べることができない状態がたびたび起こります。

力の異なる二頭のあいだには、こんなもめごとが起こることは容易に想像できるでしょう。弱肉強食という人間世界です。

腹にすえかねた弱い一頭が、強い一頭を困らせようとたくらんでも不思議ではありません。俗にいう「食い物の恨《うら》み」です。そっと気づかれずに毒の実を食べたのです。

一体になった体ですから、毒が体全体にまわって、強い一頭とともに自分も死んでしまうという悲劇がおこったのです。

このことをどう受けとめるのかという問題です。

すでに誰もが「寿」と「命」のふたつのいのちを持って生きていると述べてきました。共命《ぐみょう》とは、「ともなるいのち」とも読むことができるように、宇宙、大地から無量の寿を受けたボディーと、そのボディーから発生した考えや思いなどの生きがいというふたつのいのちを持っている私が、「ともに」手を携《たずさ》えた生き方をすることが極楽（きわめてやすらか）な心境に生きる重要なポイントであることを意味しています。

この二頭一体の共命の鳥は、そうした二つのいのちのあり方について、理想的な生き方を私たちに示唆しているのです。それを悲劇の側から示したのが、毒の実の仮説です。

つまり、「いま、最高の生きがい」と思う状態にしたいならば、常にボディーとの連携が絶対に欠かすことができないことを意味します。

ところが私たちは、生きがいを求める気持ちが強すぎるため、ボディーには必要以上のプレッシャーをかけるのです。ちょうど生きがいが強い一頭に相当し、ボディーがもうひとつの弱い一頭という構図です。

これまでは、思いや考えという生きがいを主にして、ボディーは従の関係にあったものを、共命の鳥の譬えは、そのボディーを対等の位置、つまり最上のパートナーに格上げすることがベストな生きかたになることを教えるものです。いや、もう一段上の「ほとけ」とみたてまつるべきなのです。

そうした道理を知らないまま悩むことは、ボディーという伴侶《はんりょ》に強いプレッシャーをかけ、ときには虐待《ぎゃくたい》するのと同じことになりかねないと警告しているのです。

すでにわがボディーが、阿弥陀仏に近い存在と述べてきましたが、そのボディーは、表だって意思は主張しません。しかし主張しないけれども、生きがいに誤りがあれば、無言で頭痛や胃痛、ガンや糖尿病など、さまざまな種類の毒の実をわが身に与えるであろうことを、共命の鳥が美しい声で私たちに説法していることを意味します。

わが愛するボディーは、受け難いなか人の身となりました。残された宿題が、極楽（きわめてやすらか）な心境に往き生まれることです。

極楽浄土（きわめてやすらかできよらかな心境）に往き生まれるには、徹底的に無量の寿に生かされて生きている座標に立つことです。この座標に立つための凌《しの》ぎが、「無量の寿の命ずるところに、帰る」「ありがとう」の南無阿弥陀仏の念仏です。

念仏をわすれ、この座標から離れるとき、あの地獄、餓鬼、畜生の三悪道のカマがひらき、その中に堕ちることになります。

あとがき

極楽浄土（きわめてやすらかできよらかな心境）とは、どんなものと思われましたか。読者のあなたから「それではあなたは、極楽浄土に到達したことがありますか」と問われても、「それはわからない」と答えるほかありません。ですが、釈尊の教説に従えば、極楽浄土への道筋は明らかでしょう。

仏教は、キリスト教やイスラム教のような一神教とは、その性格が異なり、「なにもない無我・ゼロから人として生命を受けたことがすばらしい」をはじめとする、万人が元気に生きる「道理」を教えるもの、という受け止めが理にかなっています。

紀元前五百年、釈尊は仏陀となりました。ブッダとは Buddha と書き、中国では「覚者」と訳され「道理に目覚めたる者」を意味します。つまり二千五百年の時空を超え、人類普遍の「生きる道理」をあきらかにした「人」のことをさします。

仏教とは「仏陀（釈尊）の教え」という意味のほかに、自らも「仏になる教え」と解釈するように、私たちも道理に目覚めて仏陀になることができることを意味しています。元大谷大学学長小川一乗氏は、釈尊の覚りによって明らかにされた〈いのち〉の事実を立脚地として、釈尊の覚りを信頼し歓喜して生きる（親鸞シリーズ第二巻『親鸞が出遇った釈尊』筑摩書房）ことができると記しています。

本著に述べたいくつかの道理のモノサシを、脳裏に刻んで生きるだけでも、生きかたが変わります。

地獄のようなこの世を、極楽（きわめてやすらか）に生きることが可能になるでしょう。

土屋昭之（つちや　しょうし）
1941年静岡県に生まれる。
1963年静岡大学教育学部卒業。
小中学校の教員を経て、保護司として少年たちと接する。
真宗大谷派成真寺前住職
著書　『少年少女の仏教』（朝日新聞社）
『人間回復―仏教が教えるいじめゼロの世界』
（幻冬舎ルネッサンス）

老いよドンと来い！
―心ゆたかな人生のための仏教入門―

二〇一〇年一一月一〇日　初版第一刷発行
二〇一三年　七月三〇日　初版第二刷発行

著　者　土屋昭之
発行者　西村明高
発行所　株式会社　法藏館
京都市下京区正面通烏丸東入
郵便番号　六〇〇-八一五三
電話　〇七五-三四三-〇〇三〇（編集）
〇七五-三四三-五六五六（営業）

装幀者　井上二三夫
印刷　立生株式会社　製本　清水製本所

ISBN 978-4-8318-8700-9 C0015